Made in the USA
Monee, IL
22 February 2023

28470869R00069